KOCHDUELL

Mit 100 Rezepten aus der
schnellsten Kochsendung der Welt

KOCHDUELL

Mit 100 Rezepten aus der
schnellsten Kochsendung der Welt

DUMONT

Die Deutsche Bibliothek – CIP-Einheitsaufnahme

Kochduell : mit 100 Rezepten aus der schnellsten Kochsendung der Welt / VOX. - Orig.-Ausg. - Köln : DuMont, 1998
ISBN 3-7701-4485-6

Dieses Buch erscheint zur Sendung KOCHDUELL, die von montags bis freitags zwischen 18.15 und 18.45 Uhr im VOX-Fernsehen ausgestrahlt wird.

Originalausgabe

2. Auflage 1998

Layout: Angela Buntenbroich, DuMont Buchverlag
Satz: DuMont Buchverlag, Köln
Druck und buchbinderische Verarbeitung: Neue Stalling, Oldenburg

Printed in Germany ISBN 3-7701-4485-6

Hinweis:

Den Köchen steht für jedes Rezept eine Grundausstattung von Zutaten wie Milch, Butter, Sahne, Eier, Joghurt, Mehl, Toastbrot, Reis, Essig, Öl, Honig, Sojasauce, Brühwürfel, Gewürze und frische Kräuter sowie Wein und Calvados zur Verfügung.

Für alle Speisen, die mit den angegebenen Zutaten dieser Grundausstattung zubereitet werden, wie z. B. Crêpe- oder Pfannkuchenteig, entnehmen Sie Mengen und Zubereitung gegebenenfalls einem Schulkochbuch.

Vorwort

Sie wissen nicht, was Sie kochen sollen, und Ihr Kühlschrank hält nur die Grundausstattung bereit?

Nicht nur für diesen Fall liefert Ihnen unser Buch viele Ideen. Auch wenn Sie noch nie den Kochlöffel geschwungen haben – mit dem KOCHDUELL werden Sie zum Küchenchef.

Bevor ich das KOCHDUELL moderiert habe, konnte ich höchstens ein Spiegelei braten und einen Pfannkuchen backen. Nach über 150 Sendungen, in denen ich unseren Köchen über ihre Mützen schauen konnte, bin ich schlauer. Ich weiß jetzt: Kochen ist kein Hexenwerk! Es kommt vor allem auf die Phantasie an.

Viele Kochbücher rücken einem gerne mit komplizierten Rezeptanweisungen zu Leibe: »Man nehme 2 $^{3}/_{4}$ Gramm hiervon, verrühre es mit einem $^{1}/_{8}$ davon und lasse es ca. 2 Stunden bei 16 Grad aufquellen. Danach presse man alles durch ein Sieb, gebe langsam und tröpfchenweise dies und das hinzu und lasse es bei mittlerer Temperatur $^{1}/_{2}$ Stunde köcheln.«

Ich weiß nicht, wie es Ihnen geht, aber wenn ich so etwas lese, ist mir die Lust aufs Kochen schlagartig vergangen, und die Nahrungsaufnahme endet – wie so oft – beim Italiener oder Amerikaner um die Ecke. Kochen soll ja auch Spaß machen.

Und Spaß und Phantasie stehen im Mittelpunkt von KOCHDUELL. Die Rezepte, die Sie hier finden, sind überaus originell, dazu alltagstauglich, schmackhaft und vor allem preiswert. Teuer kochen kann zwar auch nicht jeder, aber es ist sicher einfacher, aus Zutaten für 100 Mark ein delikates Mahl zu zaubern, als für gerade mal 15 Mark, wie es beim KOCHDUELL üblich ist.

Ich erinnere mich gerne an eine Sendung, in der eine Kandidatin unserem Koch Ralf Meuser Hähnchenschenkel, eine Tüte Malzbonbons und eine Dose Cola als Zutaten präsentierte. An Ralf Meusers Stelle hätte ich zu diesem Zeitpunkt schreiend das Studio verlassen, denn was um Himmels willen soll man daraus machen? Ralf nahm die Herausforderung an. Er gratinierte die Hähnchenschenkel mit den zuvor zerstoßenen Malzbonbons und servierte das Ganze in einer leckeren Colasauce. Sie werden jetzt mit dem Kopf schütteln und sagen: »Das kann doch gar nicht schmecken«. Das dachte ich auch, bis ich es probiert habe: Es war köstlich!

Oder Rainer Mitze, der aus einer Auswahl frischer Früchte einen Obstsalat machte. »Wenig spektakulär, das hätte ich auch gemacht«, werden Sie denken. Aber Rainer mischte unter den Obstsalat eine zerdrückte Knoblauchzehe, gab einen Löffel Chutney, etwas Curry und Tabasco hinzu – schon wurde aus einem einfachen Obstsalat eine wunderbare, fernöstliche Früchtekreation.

Will sagen: Seien Sie mutig! Verlassen Sie die vertrauten Kochpfade und probieren Sie etwas Neues aus. Sie werden erstaunt sein, was man mit ein paar Lebensmitteln, die auf den ersten Blick nicht zusammenpassen, alles anstellen kann.

Mit der Sendung KOCHDUELL haben wir ganz schön was angerührt. Eine Suppe, die wir gerne auslöffeln, denn der Erfolg der Sendung zeigt, daß die unkomplizierten und schnellen Gerichte offenbar Ihren Geschmack treffen.

Damit Sie das jetzt selbst überprüfen können – schließlich darf man nicht alles glauben, was einem im Fernsehen vorgesetzt wird –, haben wir für Sie die besten Gerichte aus der Sendung für dieses Buch ausgewählt, angewürzt mit ein paar kleinen Tips und Tricks bezüglich Einkauf, Zubereitung und Dekoration der Speisen.

Alles, was Sie brauchen, ist wenig Zeit, der Rest ist Kreativität und Inspiration. Nach der Lektüre dieses Buches werden Sie jedenfalls nie wieder sagen: »Ich weiß nicht, was ich kochen soll.«

In jedem von uns steckt ein kleiner Bocuse. In diesem Sinne: An die Töpfe, fertig, los!

Mit herzhaften kulinarischen Grüßen
Ihre Britta von Lojewski

DAS TEAM PAPRIKA

Einkauf:
1 Forelle
1 Gurke
1 Traube blaue Weintrauben
1 Dose Maiskolben
2 Tomaten
250 g Quark
1 Zwiebel

Forelle »Punkgesicht«

HAUPTSPEISE

KOCH:
SANTE DE SANTIS

Die Zwiebel schälen, würfeln, in Butter anschwitzen, mit Salz und Pfeffer abschmecken. Die Forelle mit den Zwiebeln bedecken und bei 175 Grad im Ofen garen. Die Salatgurke schälen, längs fächern und in Wasser mit Salz und Pfeffer, Dill und Butter dünsten. Einen Maiskolben in Öl anbraten, die Tomaten in Scheiben schneiden und beides in etwas

Falls Sie frische Maiskolben verwenden, ist die Garzeit sehr viel länger

Wasser schmoren lassen. Alle Zutaten auf einem Teller anrichten und mit frisch gehacktem Basilikum und Dill garnieren.

Quarknockerln in Traubenkompott

DESSERT

Die Trauben halbieren, entkernen, in Butter andünsten, mit Rotwein ablöschen, etwas Zucker dazugeben und köcheln lassen. Einen Teig aus Grieß (kam vom gegnerischen Team), Zucker und Quark herstellen. Mit zwei Eßlöffeln Nockerln formen (abwechselnd von Löffel zu Löffel streichen), in heißes Wasser geben und so lange ziehen lassen, bis sie hochkommen. Anschließend abtropfen lassen und in kaltem Wasser abschrecken. Die Quarknockerln sternförmig auf einem Teller anordnen und in die Mitte das Traubenkompott geben. Garniert wird mit einigen Blättern Zitronenmelisse und etwas Kakaopulver.

Einkauf:
1 Paket Hackfleisch
1 Paket Gries
1 Glas Kirschkonfitüre
1 Paket Mandeln
1 Bund Möhren
1 Papaya
1 Zwiebel

Ein Herz für Sandra

HAUPTSPEISE

Koch:
Wolfgang Kohlhepp

Für die römischen Nocken den Grieß laut Packungshinweis in heißer Milch mit etwas geriebener Muskatnuß, Salz und Pfeffer anrühren. Den Teig auf ein geöltes Backblech streichen und erkalten lassen. Grießkreise ausstechen und in Öl anbraten. Das Bund Möhren schälen, in Stücke schneiden, andünsten und kurz vor dem Anrichten frisch gehackten Schnittlauch dazugeben. Das Hackfleisch mit einer Scheibe Toastbrot, einem Ei, Salz, Pfeffer und einer kleingewürfelten Zwiebel anmachen und in Herzform (einen größeren Herzformausstecher in eine mit Öl ausgelassene Pfanne stellen, Hackfleischmasse hineinfüllen, Ausstecher entfernen) anbraten. Die Hackfleischherzen und die römischen Nocken mit den Möhren anrichten und mit frischen Basilikumblättern dekorieren.

Beim Hackfleisch kein abgepacktes kaufen, sondern frisches von der Theke

Kirschcrêpe auf Papayaconfit

DESSERT

Die Mandeln auf ein Backblech legen und im Ofen rösten. Einen Crêpeteig aus Mehl, Ei, Milch und einer Prise Salz anrühren, kleine Crêpes braten und währenddessen beidseitig je 1 TL Kirschkonfitüre daraufgeben. Die Papaya schälen, entkernen, in kleine Stücke schneiden, in Zucker karamelisieren und mit Calvados flambieren. Die Kirschcrêpes auf dem Papayaconfit anrichten, mit den gerösteten Mandeln und etwas Zitronenmelisse dekorieren.

Einkauf:
2 Bananen
1 Dose Gänseleber
1 Paket Feldsalat
4 Kartoffeln
1 grüne Paprika
1 Bund Möhren

Winterlicher Salat mit Leberpâtécroûtons

SALAT

Koch:
Wolfgang Kohlhepp

Die Paprika quer halbieren und die untere Hälfte im Wasser dünsten. Die Kartoffeln in Scheiben schneiden, mit einer Blumenausstechform ca. 20 Blümchen ausstechen und in Öl anbraten. Den Feldsalat putzen. Die Möhren schälen, in kleine Scheiben schneiden und in Butter braten. Die zweite Paprikahälfte in Stückchen schneiden und zu den Möhren in die Pfanne geben. Das Ganze mit Balsamessig ablöschen und Schnittlauch, Salz und Pfeffer dazugeben. Aus Balsamessig, Salz, Pfeffer und Olivenöl ein Dressing zubereiten. Aus Toastbrot Blümchen ausstechen, zu den Kartoffeln geben und anbraten, das Toastbrot goldbraun aus der Pfanne nehmen und mit der Gänseleberpâté bestreichen. Den Feldsalat mit dem Dressing auf

einem Teller anrichten. Das Möhrengemüse in die gedünstete Paprikahälfte füllen und zum Salat auf den Teller geben, die Kartoffelblümchen und die Toastscheiben drumherum anrichten.

Bananenshake

DESSERT

Die kleingeschnittenen Bananen mit Milch in einem Mixer aufpürieren und mit Zitronensaft und Zucker abschmecken. Ein Glas mit einem Zuckerrand versehen und die Milch hineinfüllen. Mit einem Minzblatt dekorieren.

DAS TEAM *Tomate*

Einkauf:
1 rote Chilischote
1 Goldbarsch
1 Dose Himbeeren
1 Bund Gänseblümchen
1 Paket Pilzmischung
1 Stange Porree
1 Flasche Orangenlikör/ Cointreaux

Rotbarsch mit Gänseblümchen

HAUPTSPEISE

KOCH:
SUSANNE VÖSSING

Die Pilze in Scheiben schneiden und in Olivenöl anbraten. Nach dem Anbraten mit Salz und Pfeffer würzen. Die Chilischote in feine Scheiben schneiden und zu der Pilzpfanne geben. Den Fisch mit

Zitrone beträufeln, anbraten und im Backofen bei 175 Grad weitergaren. Den Lauch in feine Streifen schneiden und waschen. In der Friteuse ca. 1 Minute fritieren. Den Fisch auf den Pilzen anrichten und das Lauchstroh darübergeben, mit Parmesan und Gänseblümchen garnieren.

Gänseblümchen sind – wie viele andere Blüten – eßbar und sehr lecker

Marinierte Himbeeren mit Cointreaux auf Sahne

DESSERT

Die Himbeeren mit Pfeffer würzen und einen Schuß Cointreaux zugeben. Die Sahne schlagen und mit den Himbeeren schichtweise in ein Glas füllen. Mit frischen Minzblättern garnieren.

Einkauf:
2 Äpfel
3 Kartoffeln
1 Paket Pilzmischung
1 Schweinefilet
1 Traube blaue Weintrauben
1 Vanillestange

Jäger im Pilzrand

HAUPTSPEISE

KOCH:
RALF MEUSER

Die Kartoffeln schälen, würfeln und im Salzwasser garen. Danach in einer Pfanne mit Butter braten. Das Fleisch in Medaillons schneiden und in einer Pfanne anbraten. Die Pilze putzen und in Scheiben schneiden. Nachdem das Fleisch angebraten ist, aus der Pfanne nehmen und in derselben Pfanne die Pilze mit Butter braten. Mit Weißwein ablöschen, Sahne dazugeben, die Medaillons hineinlegen und darin weitergaren. Zum Schluß frische Kräuter darübergeben. Die Medaillons auf den Pilzen mit den Kartoffeln anrichten.

Schneewittchenapfel

DESSERT

Die Weintrauben halbieren und entkernen. Die Vanillestange der Länge nach aufschlitzen und das Mark herauskratzen. Schote und Mark mit 1/4 l Sahne, 1/4 l Milch und Zucker zum Kochen bringen. Ein Eigelb zur Vanillemilch geben. Danach nicht mehr kochen! Etwas Zucker, Butter und Calvados zum Kochen bringen und die Trauben dazugeben. Einen Apfel schälen, stückeln und zur Vanillesauce geben. Die Trauben in einem halben, ausgehöhlten Apfel anrichten und die Vanille-Apfel-Sauce dazugeben.

Die Vanillemilch darf nicht mehr zu heiß sein, wenn man das Eigelb zugibt

Einkauf:
5 Aprikosen
1 Stück Emmentaler
1 Grapefruit
1 Bund Möhren
1 Paket frischer Spinat
1 Victoriabarsch

Gefüllter Viktoriabarsch mit Käsesauce

HAUPTSPEISE

KOCH:
FRANZ-XAVER BÜRKLE

Den Blattspinat putzen und dünsten. Den Fisch plattieren und mit Pfeffer, Salz und Zitronensaft würzen. Spinat im Fisch einrollen und mit Alufolie umwickeln. 1/4 l Weißwein in einen Topf füllen und den Fisch darin bei mittlerer Hitze (70-75 Grad) garen. Die Möhren tournieren (in dekorative Form schneiden) und dazugeben. Den Käse reiben, in Sahne und Weißwein aufkochen, bis er gelöst ist. Zum Schluß ein Eigelb dazugeben, aber nicht mehr kochen lassen. Den Fisch und die Möhren auf der Käsesauce anrichten.

Aprikosenwolkenschaum

DESSERT

Als Dekoration eine Gabel und einen Löffel auf den Teller legen, mit Kakao bestäuben, Besteck wegnehmen.

Sahne schlagen, Kakao und Zucker dazugeben. Die Grapefruit halbieren und das Fruchtfleisch auslösen. Die Aprikosen schälen, halbieren und in Scheibchen schneiden und zusammen mit dem Grapefruitfleisch in braunem Zucker und Honig leicht köcheln lassen. Die Grapefruithälfte mit dem glacierten Fruchtfleisch füllen und auf einem Teller mit einigen Aprikosenscheibchen drumherum anrichten. Mit Sahne und frischen Minzblättern garnieren.

Einkauf:
1 Aubergine
2 Bananen
1 Paket Butterkekse
1 Paket grüne Götterspeise
3 Kartoffeln
2 Pfirsiche
1 Taube

Martinas Taube ist gelandet

HAUPTSPEISE

KOCH:
ANDREAS C. STUDER

Die Kartoffeln schälen, in Scheiben schneiden und fritieren. Die Aubergine ebenfalls in Scheiben schneiden, salzen, pfeffern, in Mehl, dann in Ei wenden, fritieren und auf Küchenpapier abtropfen lassen. Die Taube halbieren, salzen, pfeffern und bei 200 Grad im Ofen garen. Alles auf einem Teller anrichten und mit fritierter Petersilie dekorieren.

Bananengötterspeise mit Pfirsich

DESSERT

Die Götterspeise laut Packung zubereiten. Die Bananen und die Pfirsiche schälen und in Scheiben schneiden. Eine Banane und einen Pfirsich in Butter anbraten und

mit Calvados flambieren. Einen Teil der Früchte auf dem Teller verteilen und die Götterspeise daraufgeben. Die Dekoration besteht aus 3-4 zerbröselten Butterkeksen und den restlichen rohen Bananen- und Pfirsichscheiben.

Makrelenmousse in Crêpe

HAUPTSPEISE

KOCH:
THIES MÖLLER

Die Makrele filetieren, Gräten entfernen, pürieren und geschlagene Sahne dazugeben. Einen Crêpeteig aus Mehl, Ei, Milch und Salz zubereiten und ausbacken. Die fertige Crêpe mit Crème fraîche bestreichen, mit Weinblättern belegen, die Makrelenmousse daraufstreichen, zu einer Roulade aufrollen, kalt stellen und erkaltet in Scheiben schneiden. Den Rettich schälen, in Gittermuster raffeln und in Butter

Einkauf:
1 Becher Crème fraîche
1 geräucherte Makrele
1 Rettich
1 Tomate
1 Glas Weinblätter
1 Dose Yams

anbraten. Die Tomatenschale mit dem Sparschäler in einem Stück abschälen, ein Röschen drehen und als Dekoration verwenden.

Yams in Weißweinschaumsauce

DESSERT

Ein Ei, ein Eigelb, Stärke, Yamssirup, Weißwein und Zucker im Wasserbad aufschlagen. Die Yams unterheben und mit Kakaopulver bestäuben.

Einkauf:
1 Banane
1 Paket Hüttenkäse
4 Kartoffeln
1 Bund Karotten
1 Flasche
Marillenlikör
1 Bund Radieschen
1 Seezunge

Gefüllte Seezunge mit Kartoffel-Karotten-Ragout

HAUPTSPEISE

Koch:
Ralf Meuser

Die Seezunge säubern. Das Fleisch entlang der Mittelgräte einschneiden, links und rechts von den Gräten lösen, so daß man eine Tasche erhält. Durch die Öffnung Gräten entfernen (Mittelgräte mit der Schere austrennen). Die Seezunge mit Alufolie füllen und die Öffnung mit Zahnstochern verschließen. In der Pfanne anbraten und dann mit der Pfanne für ca. 10 Minuten bei 175 Grad in den Ofen geben. Die Radieschen waschen und in Scheiben schneiden. Weißwein, Sahne und ein klein wenig Senf aufkochen, reduzieren und 1/8 l Milch dazugeben. Zum Schluß einige Radieschenscheiben, feingehackte Kräuter und etwas Tomatenmark dazugeben. Kartoffeln und Karotten

Bei Fischen ohne Kopf erkennt man die Frische an der Festigkeit des Fleisches und am geringen Eigengeruch

schälen, in Streifen schneiden und kochen. Die Seezunge aus dem Ofen holen, die Zahnstocher und die Alufolie entfernen und den Fisch mit den Kartoffeln und Karotten füllen. Die Seezunge auf einem Saucenspiegel anrichten und mit Radieschen umlegen.

Hüttenkäsesalat »Josephine Baker«

DESSERT

Die Banane in Scheiben schneiden. Den Hüttenkäse mit ein bißchen Zucker und Zimt verrühren und mit der Hälfte der geschnittenen Banane verquirlen, so daß die Scheiben püriert werden. Marillenlikör und etwas Sahne dazugießen. Die restlichen Bananenscheiben mit ein wenig Marillenlikör beträufeln. Den Hüttenkäse auf einem Teller in der Mitte anrichten und mit den Bananenscheiben umlegen. Mit einem Minzblatt garnieren und mit Kakaopulver und Puderzucker bestäuben.

Einkauf:
1 Paket Götterspeise
4 Gambas
1 Paket Keniabohnen
1 Paket Kokosflocken
1 Dose Mango
1 Zwiebel

Gambas mit Mangochutney

HAUPTSPEISE

Koch:
Carsten Dohrs

Die Gambas schälen, das Schwanzende dranlassen und den Darm rausziehen. Etwas Knoblauch zerdrücken. Die Gambas mit Salz, Pfeffer und Knoblauch in ein wenig Olivenöl kurz anbraten (ca. 2 Minuten). Einige Mangostücke würfeln und in zerlassener Butter mit der kleingeschnittenen Zwiebel, ein wenig Essig und 2 EL Honig dünsten. Die Keniabohnen in Salzwasser blanchieren, abgießen und mit gehackter Petersilie, Essig, Öl, Salz und Pfeffer abschmecken. Mangochutney und Bohnen im Wechsel anrichten. Die Gambas obenauf legen.

Sieht sehr schön aus: eine Gamba ganz lassen für die Dekoration

Mango mit Kokosschaum

DESSERT

Zwei Eigelb, 6 EL Zucker, einen Schuß Weißwein und einen Schuß Mangosaft mit dem Schneebesen verrühren. Dann auf dem Herd im Wasserbad mit ca. 5 EL Kokosflocken aufschlagen. Ein paar Mangostücke in Scheiben schneiden und zum Schluß mit zu dem Kokosschaum geben. Die Götterspeise nach Anleitung zubereiten und ein Glas damit zur Hälfte füllen. Kokosschaum und Mangostücke daraufgeben.

Einkauf:
8 frische Austernpilze
1 Maiskolben
1 grüne Paprika
1 Paket Popcornmais
2 Pfirsiche
200 g Rindersteak

Rindersteakmedaillon auf Austernpilzsauce

HAUPTSPEISE

Koch:
Wolfgang Kohlhepp

Etwas Reis aufsetzen und zum Kochen bringen, den Mais vom Maiskolben lösen und dazugeben. Nach ca. 10 Minuten das Wasser abschütten und den Mais-Reis kurz mit Butter im Topf anschwitzen. Die Paprika quer aufschneiden, entkernen und ca. 10 Minuten blanchieren. Das Rindersteak in drei Stücke teilen, salzen und beidseitig in Öl anbraten. Die kleingeschnittenen Austernpilze, Schnittlauch und Dill dazugeben, anschwitzen und mit ca. 150 ml Sahne auffüllen. Auf kleiner Flamme etwa 8 Minuten köcheln lassen. Eine Paprikahälfte mit Mais-Reis füllen und neben dem Fleisch auf der Austernpilzsauce anrichten.

Pfirsiche auf Popcorn

DESSERT

Den Popcornmais in einen Topf mit ein bißchen Öl geben und zugedeckt knallen lassen. Das fertige Popcorn mit Zucker abschmecken. Die Pfirsiche in Scheiben schneiden, in einer Pfanne mit karamelisiertem Zucker schwenken und mit Calvados ablöschen. Auf dem Popcorn anrichten und mit Kakaopulver bestäuben.

Einkauf:
1 Broccoli
200 g frische Krabben
1 Paket Kokosnußcreme
3 Karotten
1 Paket schwarzer Reis
1 Stange Rhabarber

Koch:
Rainer Mitze

Reis mit Krabben, Broccoli und Karotten

HAUPTSPEISE

Den schwarzen Reis (mit Sepia gefärbt – weißer Reis tut es auch) garkochen. Vom Broccoli Röschen abtrennen und diese in einer Pfanne mit Olivenöl dünsten. Die geschälten und in feine Streifen geschnittenen Karotten dazugeben. Vier ungeschälte, angedrückte Knoblauchzehen ebenfalls dazugeben, pfeffern und ca. 2 Minuten ziehen lassen. Mit Sojasauce ablöschen, den gekochten Reis in die Pfanne geben und köcheln lassen. Die Krabben, kleingehacktes Basilikum und Schnittlauch dazugeben und weitere 2 Minuten ziehen lassen.

Echte Büsumer Krabben bekommt man frisch, im Gegensatz zu Shrimps oder Garnelen, die immer tiefgefroren sind

Kokossüppchen mit Rhabarberkompott

DESSERT

Die Kokosnußcreme im Topf zerlaufen lassen und 1/4 l Milch dazugeben. Den Topf vom Herd nehmen und 5-6 Eiswürfel dazugeben. Den Rhabarber schälen und in Stücke schneiden. Etwas Zucker karamelisieren lassen und mit Wasser ablöschen. Ein wenig Zimt und den Rhabarber dazugeben. Das Rhabarberkompott in ein Glas geben und mit dem Kokossüppchen auffüllen.

Einkauf:

2 Birnen
1 Hähnchenbrust
2 Kartoffeln
1 Glas Maronen
1 Glas Rosenkohl
1 Paket Vanilleeis

DAS TEAM PAPRIKA

Herbstliche Hähnchenbrust im Kräutermantel

HAUPTSPEISE

KOCH:
RALF MEUSER

Frische Maronen sind von Oktober bis Dezember erhältlich

1/8 l Sahne, zwei gute Schuß Calvados und etwas Zucker in einem Topf ankücheln. Etwa die Hälfte der Maronen in Zucker anschwitzen und mit zu der Sahne geben. Fleisch mit Pfeffer, Salz und italienischer Kräutermischung würzen. Basilikum, Schnittlauch und Petersilie kleinhacken und das Fleisch darin wälzen. Bei niedriger Hitze braten und zum Schluß mit Weißwein ablöschen. Vom Rosenkohl Blättchen lösen, in kochendem Wasser erhitzen und danach in Butter kurz schwenken. Mit Salz, Pfeffer und Muskat abschmecken. Eine Kartoffel schälen, halbieren, aushöhlen und in Salzwasser kochen. Einige Maronen in die ausgehöhlte Kartoffel füllen. Die Kartoffel mit den Maronen, die Rosenkohlblättchen und das Fleisch auf der Sauce anrichten.

Beschwipste Birne

DESSERT

Zwei Birnen schälen, vierteln, entkernen und in Scheiben schneiden. Ca. 300 ml Rotwein in einem Topf mit Zimt und Zucker ansetzen, die Birnen darin dünsten. Einen guten Schuß Weißwein mit Zimt und ca. 100 ml Sahne in einem Topf leicht einköcheln lassen. Die Birnenviertel fächerförmig mit der Zimtsauce auf dem Teller anrichten und eine Kugel Vanilleeis daraufgeben.

Dinner for Fun

HAUPTSPEISE

Koch:
Susanne Vössing

Den Lachs enthäuten und kleinschneiden. Mit dem Saft einer halben Zitrone, Pfeffer, Salz, kleingehacktem Schnittlauch und Basilikum marinieren. Den Rettich reiben und geviertelte Radieschen zugeben. Alles mit Olivenöl, Salz, Pfeffer, Petersilie, Kräuteressig und Zitronensaft verrühren. Die Nudeln kochen. Auf die Nudeln den Rettichsalat geben und mit dem Lachs krönen.

Anstelle von Lachs kann man auch gut Matjes oder grünen Hering verwenden

Einkauf:
1 Lachsfilet
1 Paket bunte Nudeln
1 Meerrettich
1 Bund Radieschen
1 Paket Quark
1 Paket Rosinen

Armer Ritter mit Quark-Rosinen-Creme

DESSERT

Ein Eigelb mit Zucker verquirlen. Einige Toastscheiben diagonal halbieren und durch die Eigelbmasse ziehen. In Olivenöl goldbraun braten. Quark mit Zucker und Zimt abschmecken. Etwas Milch und Rosinen zugeben. Die Toastscheiben auf einem Teller schön anrichten und den Rosinenquark in die Mitte geben. Mit Puderzucker bestäuben.

DAS TEAM PAPRIKA

Einkauf:
1 Glas Apfelmus
2 Bananen
1 Kalbsschnitzel
3 Kartoffeln
1 Dose Maronen
1 Limette
2 Nektarinen

Kalbsschnitzel in Bananenschuppen und Champignonkartoffeln

HAUPTSPEISE

KOCH:
CARSTEN DOHRS

Die Bananen in feine Scheiben schneiden. Das Fleisch plattieren und mit Salz und Pfeffer würzen. Die Bananenscheiben schuppenförmig auf das Fleisch legen und zuklappen. Mit Zahnstochern am Rand fixieren. Das Fleisch anbraten und weitere Bananenscheiben auflegen. Dann in den Ofen geben und bei Oberhitze garen. Die Kartoffeln waschen und mit einem Pariser Löffel kleine Kugeln ausstechen. Mit einem Apfelentkerner in die Kugeln stechen (ungefähr bis zur Hälfte) und drumherum die untere Hälfte der Kugeln abschneiden, so daß sie eine Champignonform erhalten. Die Kartoffeln im Salzwasser blanchieren, dann in der Pfanne mit viel Öl ausbraten. Die Maronen mit Butter, Zucker und etwas Maronensaft in einem Topf weichdünsten. Einen Teil vom

Maronensaft mit einem Stück Butter und Curry aufkochen. Die Kartoffeln und Maronen auf dem Saucenspiegel anrichten, das Fleisch obenauf legen.

Waffeln mit Nektarinen und Apfelmus

DESSERT

Zwei Eier trennen. Das Eiweiß steifschlagen. Butter, 1 EL Zucker, Mehl, 100 ml Milch und das Eigelb verquirlen. Den Eischnee unterheben. Aus diesem Teig Waffeln backen. Die Nektarinen in Scheiben schneiden, mit etwas Limettensaft beträufeln und die Hälfte als Fächer auf einem Teller anrichten. Die Waffeln, die Nektarinen und das Apfelmus zu einem Türmchen schichten.

Natürlich können Sie statt Limetten- auch Zitronensaft nehmen – dann aber sparsamer dosieren, da er saurer ist

Einkauf:
1 Avocado
1 Stück Blauschimmelkäse
1 Hähnchenbrust
1 Paket Kirschtomaten
1 Stange Lauch
1 Peperoni

Dialog von Schimmelkäse

VORSPEISE

Die Avocado schälen, halbieren und – wie auch den Käse – in kleine Stücke schneiden. Avocadostücke mit Salz, Pfeffer und Zitronensaft marinieren. Für das Dressing Olivenöl, Balsamessig, Pfeffer, Salz, Senf und geschnittenes Basilikum vermengen. Die Tomaten vierteln und in das Dressing geben. Die Avocado auf dem Tomatensalat anrichten, die Käsestückchen darübergeben.

Emincé vom Hühnchen

HAUPTSPEISE

Fünf Tranchen aus dem Brüstchen schneiden und plattieren. Mit Pfeffer und Salz würzen und braten. Etwas Sahne reduzieren lassen und mit Salz, Pfeffer und

Das Fleisch zum Plattieren mit Folie bedecken – dann läßt es sich gleichmäßiger bearbeiten und zerreißt nicht

Muskat abschmecken. Den Lauch in Streifen schneiden, blanchieren und im Eiswasser abschrecken. Kurz durch die Sahne ziehen. Weißwein und Brühwürfel aufkochen, mit der eingekochten Sahne auffüllen. Einen Schuß Calvados dazugeben. Die Peperoni blanchieren. Das Fleisch auf der Sauce anrichten, mit dem Lauch umlegen und mit der Peperoni dekorieren.

KOCH:
FRANK BUCHHOLZ

Einkauf:
1 Paket Blätterteig
1 Stück Feta
1 Glas Ingwerkugeln
1 Papaya
250 g frischer Thunfisch
100 g frischer Spinat

Thunfisch auf Blattspinat mit Schafskäse

HAUPTSPEISE

KOCH:
RAINER MITZE

Den Blattspinat waschen und zupfen. Den Käse in kleine Würfel schneiden. Den Blätterteig mit Mehl bestäuben, ausrollen, in ca. 2 cm breite Streifen schneiden und von der langen Seite her zusammenrollen,

DAS TEAM PAPRIKA

Thunfisch nur ganz kurz braten, sonst wird er schnell trocken

mit Eigelb bestreichen und auf einem Backblech 10 Minuten bei 220 Grad im Ofen backen. Den Thunfisch mit Salz, Pfeffer und etwas Zitronensaft würzen, leicht einritzen und in einer Pfanne mit Olivenöl, einem kleinen Stück Butter und einigen ungeschälten, angedrückten Knoblauchzehen beidseitig anbraten. Den Spinat waschen und in Butter mit einer Knoblauchzehe ansautieren, mit Pfeffer und Salz würzen. Einige Käsewürfel in etwas Sahne im Topf auflösen, abschmecken und einköcheln lassen. Den Thunfisch auf einem Spinatbett anrichten, mit einigen Käsewürfeln bestreuen und mit den Grissini und kleinen Käsesahnetupfern dekorieren.

Papaya verdeckt mit Ingwerzabaione

DESSERT

Für die Zabaione drei Eigelb, Ingwersaft und Weißwein verrühren und im Wasserbad aufschlagen. Die Enden von der Papaya abschneiden, die Frucht halbieren und eine Hälfte in Würfel schneiden. Den Ingwer ebenfalls in kleine Stücke schneiden, zusammen mit den Papayawürfeln und dem Saft einer halben Zitrone in einem Topf vermengen und unter Rühren erhitzen. Nach dem Abkühlen mit der Zabaione übergießen.

Seezungenröllchen nach der Morgenröte

HAUPTSPEISE

KOCH:
FRANZ-XAVER BÜRKLE

Aus dem Broccoli Röschen schneiden und diese kochen. Die Nudeln in reichlich Salzwasser aufsetzen und garkochen. Die Rote Beete mit 1/4 l Sahne und einem Stückchen Butter aufkochen, anschließend pürieren und mit Salz und Pfeffer abschmecken. Die Seezunge der Länge nach halbieren und mit Salz und Pfeffer würzen und mit Zitronensaft marinieren. Beide Fischstücke aufrollen und auf Holzstäbchen spießen. Anschließend für etwa 5 Minuten in einem Topf mit etwas Butter und einem Schuß Weißwein dünsten. Die Petersilienwurzeln schälen und kochen. Die Nudeln auf einen Teller geben und mit der Rote-Beete-Sauce, den Broccoli-

Einkauf:
1 Broccoli
1 Glas Fruchtmus Alete
4 frische Petersilienwurzeln
1 Paket bunte Nudeln
1 Dose Maronen
250 g Seezunge
1 Glas Rote Beete

röschen und den Petersilienwurzeln anrichten. Zum Schluß die Fischröllchen obenauf legen.

Glacierte Maronen mit Früchtecocktail

DESSERT

Zunächst braunen Zucker mit einem Stückchen Butter karamelisieren, die gewaschenen Maronen dazugeben und mit Zimt abschmecken. Die Maronen auf das Früchtemus geben und mit einem kleinen Schuß Sahne und einem Basilikumblättchen garnieren.

Einkauf:

1 Aubergine
1 Paket Haferflocken
1 Lammsteak
1 Dose Kidneybohnen
3 Kartoffeln
1 Paket Rosinen
1 Glas Kirschen

Lammgulasch mit Waffelkartoffeln

HAUPTSPEISE

Koch:
Thies Möller

Die Kartoffeln schälen, in Gittermuster raffeln (oder in Scheiben reiben) und in viel Sonnenblumenöl braten. Das Fett vom Lammfleisch lösen. Die abgetrennte Fettschwarte in sehr kleine Würfel schneiden und in Sonnenblumenöl knusprig braten. Das gewürfelte Lammfleisch und eine halbe gewürfelte Aubergine zu dem Fett geben, mit Salz, Pfeffer, einer Knoblauchzehe und etwas Tomatenmark abschmekken und mit Calvados flambieren. Anschließend das Lammgulasch mit Fleischbrühe, der Dose Kidneybohnen und einer Handvoll Rosinen auffüllen und mit etwas Sahne verfeinern. Die Kartoffeln auf einem Teller verteilen, das Lammgulasch darauf anrichten und mit frischem Basilikum und Petersilie garnieren.

Pfannkuchen à la Mama

DESSERT

Einen Pfannkuchenteig aus Mehl, Salz, Eiern und Milch mit Haferflocken anrühren, in ausgelassener Butter einseitig anbacken, die Kirschen daraufgeben, mit Puderzucker bestäuben und im Ofen bei Oberhitze ausbacken. Dekoriert wird der Kirschpfannkuchen mit Kakaopulver und einigen Blättern Zitronenmelisse.

Einkauf:
1 Paket gekochter Schinken
1 Stück Gouda
1 Dose Mandarinen
1 Glas Silberzwiebeln
1 Tomate
1 rote Zwiebel

Käsespätzle mit Schinken

HAUPTSPEISE

KOCH:
SANTE DE SANTIS

Einen zähflüssigen Spätzleteig aus Mehl, Salz, Pfeffer, Milch und Eiern anrühren. Ein Küchenbrettchen naß machen, etwas Teig darauf verstreichen und in kochendes Wasser schaben. Den Schinken würfeln, in Butter anbraten, zu den fertigen Spätzle geben, mit geriebenem Gouda bestreuen und bei 220 Grad ca. 5 Minuten überbakken. Die Tomate vierteln und entkernen, die Zwiebel in Ringe schneiden. Beides auf dem Teller anrichten und mit einigen Silberzwiebeln belegen. Die Käsespätzle auf den Tomatensalat geben, mit einigen angebratenen Schinkensternchen (mit Förmchen aus einer Scheibe gekochtem Schinken ausstechen) und frischgeschnittenem Schnittlauch garnieren.

Mandarinengranita

DESSERT

Die Mandarinen abgießen und mit Puderzucker und Calvados pürieren. Eine Handvoll Eiswürfel zerstoßen, in Weingläser geben und das Mandarinenpüree darübergießen. Jedes Glas mit einer frischen Zitronenscheibe und einem Zitronenmelisseblatt garnieren.

Eine Granita kann man mit vielen anderen Früchten zubereiten, sehr lecker ist sie auch mit kaltem gesüßtem Kaffee und einem Sahnehäubchen

Einkauf:
1 Broccoli
1 Paket grüne Bandnudeln
1 Paket geräuchertes
Lachsfilet
1 Kiwi
2 Nektarinen
2 Tomaten

Lauwarmer Salat von Lachs an Nektarinen

VORSPEISE

KOCH:
SANTE DE SANTIS

Die Nektarinen in dünne Scheiben schneiden. Den Lachs auslegen und auch in dünne Scheiben schneiden. 3 Minuten auf einem Teller bei 175 Grad im Ofen erwärmen. Mit Pfeffer, Olivenöl und Zitrone würzen. Die Nektarinen auf dem Lachs anrichten und mit der Kiwi dekorieren.

Undine ai Broccoli

HAUPTSPEISE

Die Nudeln im Salzwasser garen. Eine Tomate oben kreuzweise einschneiden und mit ins Nudelwasser geben. Vom Broccoli Röschen abtrennen und in Olivenöl

ansautieren, dann mit etwas Weißwein und Wasser ablöschen. Die Tomate aus dem kochenden Wasser nehmen, die Haut abziehen, das Fleisch entkernen, in kleine Stücke schneiden und zum Broccoli geben. Mit Salz, Pfeffer und einer kleingehackten Knoblauchzehe würzen. Die Nudeln abgießen, in die Broccoli-Tomaten-Sauce geben, die zweite Tomate kurz ankochen. Die Nudeln auf einem Teller anrichten und mit der ganzen Tomate garnieren.

Bulette mit Waldpilzragout

HAUPTSPEISE

Koch:
Frank Buchholz

Die Karotten und Gurken tournieren (in dekorative Form schneiden) und in etwas Wasser und Butter andünsten. Senf, etwas zerbröseltes Weißbrot, Salz, Pfeffer und ein Eigelb zum Hackfleisch geben und unterarbeiten. Zu Frikadellen formen und in der Pfanne mit Öl anbraten. Im Ofen bei 180 Grad weitergaren. Die Pilze mit Butter und Olivenöl anrösten. Die

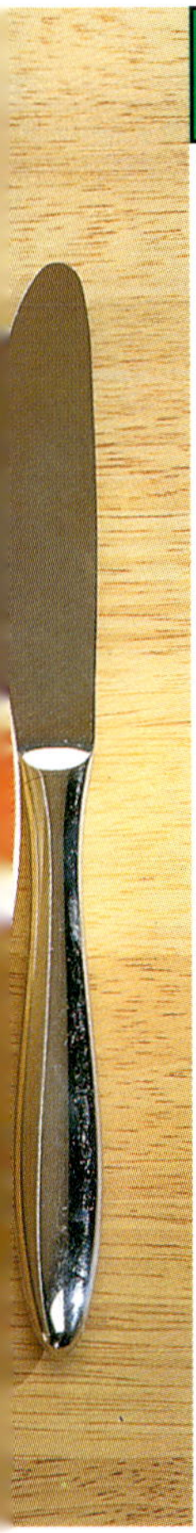

Einkauf:
1 Ananas
1 Paket Hackfleisch
3 Karotten
1 Glas schwarze Oliven
1 Paket Pilzmischung
1 Salatgurke

ganzen Oliven dazugeben und alles mit Rotwein ablöschen. Mit kleingehackter Petersilie bestreuen.

Gefüllte Ananascrêpe mit Joghurtschaum

DESSERT

Eier, Milch, Mehl, etwas abgeriebene Zitronenschale, ein kleine Prise Salz und Zucker zu einem Teig verrühren. In Öl zu einer dünnen Crêpe in einer Pfanne ausbacken. Die Ananas schälen und in kleine dünne Scheiben schneiden. In einer Pfanne mit Zucker und Butter karamelisieren. Mit Calvados ablöschen und einen halben Becher Sahne dazugeben. Den unregelmäßigen Rand der Crêpe abschneiden und ein Viertel herausschneiden. Den Rest zusammenlegen und mit den Ananasscheibchen füllen. Joghurt und Sahne zu einem Schaum aufschlagen. Die Crêpe mit Joghurtschaum anrichten und mit Puderzucker bestäuben.

Wenn man bei der Ananas aus der Spitze die Blätter leicht herausziehen kann, dann hat sie die richtige Reife

Herbstlicher Salat mit Croûtons

VORSPEISE

Koch:
Frank Buchholz

Eine Vinaigrette aus Sonnenblumenöl, Sojasauce, Pfeffer, Salz und Balsamessig anrühren. Für den Salat die Tomaten schälen und würfeln. Die Radieschen in Scheiben schneiden und den Lollo Rosso zupfen. Die Tomaten und Radieschen auf den Salat geben, mit Vinaigrette übergießen und frisch hergestellte Weißbrotcroûtons darüberstreuen. Dekoriert wird der Salat mit frischem Schnittlauch und Zitronenmelisse.

Einkauf:
1 Paket tiefgefrorener Blattspinat
2 Bananen
1 Dose Baby-Äpfel
1 Lollo Rosso
1 Bund Radieschen
2 Tomaten
1 Schweineschnitzel

Chaos von Bananen

HAUPTSPEISE

Das Schnitzel in Küchenfolie legen und plattieren, anschließend mit gewürfelten Bananen, Baby-Äpfeln und Basilikumblättern füllen. Die Roulade mit Holzstäbchen schließen, in Olivenöl scharf anbraten und bei 180 Grad im Ofen weitergaren. Für die Sauce einige Bananenscheiben in Butter anbraten, mit Currypulver würzen und mit dem Saft von den Baby-Äpfeln und einem Schuß Weißwein ablöschen. Die Sauce mit einem Brühwürfel anreichern. Den Spinat in Olivenöl mit einer ungeschälten Knoblauchzehe andünsten und anschließend einen Stich Butter hinzugeben. Den Spinat mit der Sauce übergießen, das Schnitzel daraufbetten und mit Basilikum dekorieren.

Einkauf:
1 Glas Himbeermarmelade
2 Peperoni
1 Glas Oliven
150g Rauchfleisch
1 Paket Spaghetti
1 Dose Sardellen
1 Paket Ricotta

Rauchfleisch mit Sardellenröllchen in scharfer Sauce

VORSPEISE

KOCH:
SANTE DE SANTIS

Die Oliven werden in Sardellen gewickelt, so daß viele kleine Röllchen entstehen. Das Rauchfleisch zu Trichtern formen, mit den Sardellenröllchen füllen und auf einem Teller zu einer schönen Platte dekorieren. Für die scharfe Sauce aus Essig, Öl, Pfeffer und Salz eine Vinaigrette anrühren und mit wenigen kleingehackten Peperonistückchen würzen. Dekoriert wird die Rauchfleischblume mit den Resten der Peperoni.

Das Öl, in dem die Sardellen liegen, gut abtropfen lassen

Fritierter Spaghettikorb mit Ricotta und Himbeeren

HAUPTSPEISE

Die Spaghetti abkochen, zwischen zwei halbschalenförmige Küchensiebe aus Metall verschiedener Größe legen, salzen und fritieren. Das Stück Ricotta mit etwas Himbeermarmelade verrühren, salzen und pfeffern, frischgehackte Petersilie dazugeben und mit viel Zitronensaft abschmekken. Den angemachten Ricotta in das Spaghettinest füllen und mit einigen Blättern Zitronenmelisse garnieren.

Einkauf:
2 Birnen
1 Paket Cornflakes
1 Kaninchenkeule
1 Paket Mozzarella
1 Paket frischer Sauerampfer
1 Tafel Schokolade
1 Tomate

Gefüllte Kaninchenkeule auf Sauerampfersauce

HAUPTSPEISE

KOCH:
FRANZ-XAVER BÜRKLE

Die Kaninchenkeule von Fett und Sehnen befreien und hart am Knochen auslösen. Das Fleisch in Frischhaltefolie plattieren, mit Pfeffer, Salz und italienischer Kräutermischung würzen. Den Mozzarella in Scheiben schneiden, auf das Fleisch legen, dieses zusammenrollen und mit Alufolie eng umwickeln. Das »Alubonbon« 4 Minuten in einer Pfanne mit Öl anbraten und 9 Minuten im Ofen bei 180 Grad weitergaren lassen. Daraufhin das Fleischröllchen von der Alufolie befreien und aufschneiden. Für die Sauerampfersauce eine kleingewürfelte Zwiebel in einem Topf

Den Sauerampfer erst ganz zum Schluß in die Sauce geben, da er durch die Wärme sehr schnell Farbe und Aroma verliert

anschwitzen, mit 150 ml Sahne auffüllen, den Sauerampfer dazugeben, mit Salz und Pfeffer würzen und alles einmal kurz aufkochen lassen. Die Tomate häuten, in Spalten schneiden und entkernen, 1 Minute in einem Topf anschwitzen und um das Fleisch herum legen, mit Basilikumblättern dekorieren.

Zimtbirne und Schokocrossies

DESSERT

Die Birnen schälen, halbieren, entkernen und in einem Topf mit Wasser, Zimt und braunem Zucker unter Hitze 10 Minuten ziehen lassen. Die fertigen Birnenhälften fächerförmig aufschneiden und auf einem Teller anrichten. Für die Schokocrossies die Schokolade in einer Schüssel bei 30 Grad im Wasserbad schmelzen, die Cornflakes unterrühren, mit zwei Löffeln kugelförmig auf einen Teller legen und im Kühlschrank erkalten lassen.

Einkauf:
10 Champignons
1 Dose Mais
1 Melone
1 Glas Spargel
1 Salatgurke
150 g gekochter Schinken
1 Glas eingelegte Tomaten

Frühlingssalat »Fitmacher«

HAUPTSPEISE

Koch:
Wolfgang Kohlhepp

Zwei Spargelstangen in Schinkenscheiben einrollen. Den restlichen Spargel in 5 cm lange Stücke schneiden. Die eingelegten Tomaten, die Champignons und den Schinken kleinschneiden. Die Gurke halbieren und entkernen. Aus einer Hälfte kleine Kügelchen stechen, die andere Hälfte in kleine Stifte schneiden. Einen Champignon als Dekoration nach Belieben tournieren (in eine dekorative Form schneiden) und in 1/4 l Wasser garen. Zwei Scheiben Toastbrot von der Rinde befreien, in kleine Würfel schneiden und in einer Pfanne mit Butter goldgelb braten. Die Champignons in einer Pfanne mit Olivenöl bei schwacher Hitze anbraten. Mais, Schinken, Tomaten und Gurken dazugeben, mit Salz und Pfeffer würzen und alles ca. 2 Minuten an-

schwenken. Kleingeschnittene Petersilie und Schnittlauch dazugeben und mit den Croûtons und dem Spargel auf einem Teller servieren.

Melonenkaltschale

DESSERT

Die Melone im oberen Drittel sternförmig einschneiden, den »Deckel« abnehmen und die Melone mit einem Löffel entkernen. Das Melonenfleisch ausschaben, mit einem Teil Wasser und einem Teil Zucker (Läuterzucker) pürieren und wieder in die Melone füllen. Die Kaltschale mit einem Blättchen Zitronenmelisse dekorieren und den »Deckel« über die Hälfte der Öffnung legen.

Einkauf:
1 Aubergine
1 Avocado
1 Grapefruit
1 Paket Grieß
1 Stück Parmesan
1 Seelachsfilet

Fischspieß »Batavia«

HAUPTSPEISE

KOCH:
THIES MÖLLER

Anfang- und Endstück am Spieß sollte Fisch sein

Reis in Wasser aufsetzen und garkochen. Für den Fischspieß das Seelachsfilet in gleichgroße Würfel schneiden und in Zitronensaft, Salz und Pfeffer marinieren. Die Aubergine würfeln und die Avocado halbieren, entkernen, schälen und das Fleisch ebenfalls würfeln. Fisch-, Auberginen- und Avocadowürfel auf einen Holzspieß stecken, mit Weißwein übergießen und bei 175 Grad im Ofen garen. Für die Mayonnaise Eigelb, Senf, Essig, Salz und Pfeffer verrühren und tropfenweise Sonnenblumenöl unterrühren, so daß eine feste Masse entsteht. Mit gepreßtem Knoblauch und einigen frischen Kräutern verfeinern. Etwas Butter in einer Pfanne auslassen. Tomatenmark dazugeben, anschwitzen und mit dem gekochten Reis vermengen. Über den Fischspieß etwas geriebenen Parmesan geben und mit dem

tomatisierten Reis anrichten, dazu die Mayonnaise reichen und mit frischen Basilikumblättern garnieren.

Crêpe-Rondell

DESSERT

Einen Crêpeteig (Eier, Mehl, Sahne und Salz) mit Grieß anrühren. Den Crêpeteig in Butter ausbacken und Kreise ausstechen. Die Crêpekreise auf einem Teller anrichten, mit Puderzucker bestreuen und die filetierten, abgezuckerten Grapefruitscheiben darauf dekorieren. Mit frischen Zitronenmelissenblättern garnieren.

Einkauf:
1 Avocado
3 Kartoffeln
1 Glas Kapern
2 Tomaten
1 Paket Schinkenspeck
1 Becher Rote Grütze

Schwäbischer Bauernteller

HAUPTSPEISE

Koch:
Frank Buchholz

Für das Gratin die Kartoffeln schälen, halbieren und in sehr feine Scheiben schneiden. Die Tomaten kurz in heißem Wasser blanchieren, die Haut abziehen und ebenfalls in Scheiben schneiden. Einen Becher Sahne einkochen. Die Auflaufform mit Knoblauch ausreiben, fetten, frische Basilikumstreifen, Kartoffel- und Tomatenscheiben hineinlegen, die reduzierte Sahne darübergießen und im Ofen bei 200 Grad ausbacken. Für die Kapernsauce Weißwein mit einem Brühwürfel reduzieren. Die Kapern hinzugeben, mit etwas Sahne auffüllen und 5 Minuten ziehen lassen. Den Schinkenspeck mit der Kapernsauce und dem Gratin auf einem Teller anrichten.

Variation von Beeren und Avocado

DESSERT

Die Avocado schälen, halbieren, auffächern, auf einem Teller dekorieren und mit Salz, Pfeffer und frischgeriebener Muskatnuß würzen und mit Zitronensaft beträufeln. Für die Vinaigrette Balsamessig reduzieren, mit Weißwein ablöschen und mit etwas Honig abschmecken. Die Vinaigrette über den marinierten Avocadofächer geben. Die Rote Grütze neben den Fächer geben und mit Puderzucker und Kakaopulver bestäuben.

Einkauf:
1 Broccoli
1 Granatapfel
2 Feigen
180 g Putenfleisch
1 Paket Mozzarella
1 Paket Pistazien

Putenbrüstchen »Pistazia«

HAUPTSPEISE

Koch:
Wolfgang Kohlhepp

Die Pistazien pürieren und das plattierte Putenfleisch darin wälzen. Bei niedriger Hitze in Öl braten. Den Broccoli in Röschen schneiden und im Salzwasser garen. Mozzarella in Scheiben schneiden und die Broccoliröschen damit überbacken. Reis garkochen und kleingehackte Petersilie dazugeben. Nebeneinander auf einem Teller anrichten.

Der echte Mozzarella aus Büffelmilch ist kräftiger im Geschmack, bleibt aber nicht so lange frisch

Granatapfel trifft Feige im eigenen Saft

DESSERT

Etwas Zucker in einer Pfanne karamelisieren und mit einem Schuß Weißwein ablöschen. Die Feigen schälen, vierteln, in die Pfanne geben und ca. 3 Minuten ziehen lassen. Rotwein in einem Topf reduzieren und mit aufgelöster Stärke abbinden. Den Granatapfel halbieren, eine Hälfte entkernen und mit den Feigen füllen. Beide Granatapfelhälften auf einem Teller mit Rotweinsauce anrichten.

Garnelen im Speckmantel auf Glasnudeln

HAUPTSPEISE

Koch:
Franz-Xaver Bürkle

Die Tomate quer halbieren, eine Hälfte aushöhlen und mit den Oliven füllen. Die Glasnudeln ca. 3 Minuten in Wasser einweichen und dann in Salzwasser blanchieren. Nach ca. 5 Minuten das Wasser abgießen. Sojasauce, Olivenöl, Curry,

Einkauf:
3 Garnelen
1 Paket Glasnudeln
1 Fleischtomate
1 Honigmelone
1 Glas grüne Oliven
100 g frischer Speck

Pfeffer und Salz dazugeben und die Nudeln darin schwitzen lassen. Die Garnelen enthäuten (Kopf dranlassen), den Darm herausnehmen, die Garnelen waschen und in einer Pfanne mit Olivenöl und einer Knoblauchzehe anbraten, mit Salz und Pfeffer würzen. Dann herausnehmen, mit einer Speckscheibe umwickeln und weiterbraten. Die Tomate auf den Glasnudeln anrichten und die Garnelen drumherum legen.

In Honig glacierte Melone

DESSERT

Die Melone halbieren und das Ende der einen Hälfte abschneiden. Die Hälfte entkernen und kleine Bällchen mit einem Pariser Löffel ausstechen. 1 EL Honig mit ein bißchen Zimt in einem Topf erhitzen. Die Melonenbällchen dazugeben und ziehen lassen. Nach ca. 5 Minuten in die ausgehöhlte Melonenhälfte füllen und mit Puderzucker und Kakaopulver bestäuben.

Rucola mit Radieschen und gerösteten Mandeln

VORSPEISE

KOCH:
RAINER MITZE

Die Paprika halbieren, entkernen und eine Hälfte in kleine Würfel schneiden. Die Mandeln in einer Pfanne mit Olivenöl anrösten, mit Balsamessig ablöschen und Salz, Pfeffer, ein bißchen Zitrone und die kleingewürfelte Paprika dazugeben. Drei geschälte und kleingeschnittene Knoblauchzehen in einem Topf mit Olivenöl fritieren. Den Rucola kleinschneiden und

Einkauf:
1 Stück Blauschimmelkäse
1 gelbe Paprika
1 Paket Mandelblättchen
1 Spitzkohl
250 g Schillerlocke
1 Paket Rucola
1 Bund Radieschen

die Radieschen in dünne Scheiben schneiden. Rucola, Radieschen, Paprika-Mandeln und Knoblauch mit ein wenig Öl nacheinander in einen Kelch schichten.

Spitzkohleintopf mit Schillerlocke und Roquefort

HAUPTSPEISE

Die Schillerlocke in kleine Stücke schneiden und eine halbe entkernte Paprika in dünne Streifen schneiden. Die Hälfte des Spitzkohls kleinschneiden und in einer Pfanne mit Olivenöl kurz anbraten. Die Paprikastreifen, ein Stück Butter, Pfeffer und Salz, geriebene Muskatnuß, den Fisch und den kleingeschnittenen Käse dazugeben. Mit ein wenig Sojasauce ablöschen und 150 ml Sahne hinzugeben. Alles verrühren, köcheln lassen und zum Schluß feingeschnittenes Basilikum hineingeben. Auf einem Kohlblatt anrichten.

Statt Spitzkohl kann man auch Wirsing, Weißkohl oder sogar Grünkohl verwenden

Hähnchenbrust im Lauchmantel

HAUPTSPEISE

Koch:
Wolfgang Kohlhepp

Den weißen bis hellgrünen Teil des Lauchs kleinschneiden, in Butter andünsten, mit Salz und Pfeffer abschmecken und die Bohnen dazugeben. Die grünen Lauchblätter blanchieren. Die Hähnchenbrust in drei Stücke teilen, salzen und pfeffern, mit dem blanchierten Lauch umwickeln und in einer Grillpfanne mit Olivenöl anbraten. Im Ofen bei 180 Grad weitergaren. Für die Sauce die Avocado halbieren, aushöhlen und das Avocado-

Vorsicht bei der Dosierung von Peperoni – manche sind sehr scharf und können ein Gericht überwürzen

Einkauf:
1 Dose rote Bohnen
1 Avocado
250 g Hähnchenbrust
1 Paket Haselnüsse
1 Feige
1 Stange Lauch
1 Peperoni

fleisch kleinschneiden. In einem Topf mit Butter andünsten, salzen und pfeffern, mit 150 ml Sahne ablöschen und eine halbe entkernte, zerkleinerte Peperoni einrühren. Alles pürieren und bei schwacher Hitze köcheln lassen. Die Fleischstücke auf der Avocadosauce um das Bohnen-Lauch-Gemüse herum drapieren.

Haselnuß-Feigen-Bowle

DESSERT

Die Haselnüsse auf einem Backblech 5 Minuten im Ofen rösten, dann mit einem Küchenhandtuch die Haut abreiben. Zucker in einer Pfanne karamelisieren, mit Weißwein ablöschen und die Haselnüsse zugeben. Die Feige schälen, kleinschneiden, in etwas Wasser weichkochen und mit in die Pfanne rühren. Alles in einem Suppenteller anrichten.

Medaillons von der Rinderleber »Bellevue«

HAUPTSPEISE

KOCH:
THIES MÖLLER

Den Reis garkochen, in Butter schwenken und abschmecken. Die Tomaten in breite Spalten schneiden, entkernen und in eine gefettete Ring-Form geben. Anschließend den gekochten Reis in diese Form geben, festdrücken und auf einen Teller stürzen. Die Leber in Stücke schneiden, in Mehl wenden, anbraten und mit Salz und

Erbsen aus der Dose sind gegart, tiefgefrorene hingegen sind frisch verarbeitet und enthalten noch alle Vitamine

DAS TEAM PAPRIKA

Einkauf:
1 roter Apfel
1 Dose Erbsen
1 Flasche Eierlikör
1 Paket Korinthen
1 Rinderleber
2 Tomaten

Pfeffer abschmecken. Die Erbsen mit einem Becher Sahne erwärmen, mit Salz abschmecken und in den Reisring füllen, die Leber obenauf legen.

Apfel »Großmütterchen-Art«

DESSERT

Für die Füllung einige Korinthen mit Zucker, Zimt und etwas Eierlikör mischen. Den Apfel halb schälen, das Gehäuse entfernen, die Füllung hineingeben, in geschmolzener Butter anbraten, mit Weißwein ablöschen und bei 220 Grad im Ofen garen. Für den Eierlikörschaum ein Ei, ein Eigelb, einige Spritzer Zitronensaft, Weißwein, Eierlikör und Calvados im Wasserbad aufschlagen. Einen Becher Sahne und etwas Schokoladenpulver aufkochen und mit aufgelöster Stärke andicken. Den Bratapfel mit dem Eierlikörschaum übergießen und mit einigen Spritzern Schokoladensahne dekorieren.

Einkauf:
1 Broccoli
1 Paket Farfalle
1 Honigmelone
1 Paket geräuchertes Lachsfilet
1 Paket Kokosflocken
1 gelbe Paprika

Röschen für ein Röschen

VORSPEISE

KOCH:
SANTE DE SANTIS

Den Broccoli waschen, in große Röschen schneiden und blanchieren. Einen Teig aus Ei, Mehl, Kokosflocken und Milch anrühren, mit Salz und Pfeffer abschmecken. Die blanchierten Broccoliröschen salzen, in Mehl wenden, in den Kokosteig tauchen, fritieren, auf Küchenpapier abtropfen lassen und leicht salzen und pfeffern.

Dekoriert werden die fritierten Broccoliröschen mit frischen Basilikumblättern, einigen Zitronenscheiben, gehackter Petersilie und Kokosflocken.

Nudelsalat »Fresco«

HAUPTSPEISE

Die Nudeln in Salzwasser abkochen. Den Melonendeckel sternförmig ausschneiden, die restliche Melone in Scheiben schneiden und das Fruchtfleisch mit einer kleinen Sternchenform ausstechen. Die Nudeln mit Lachsstreifen und Paprikawürfeln mischen, mit einer Vinaigrette aus Essig, Öl, Salz und Pfeffer anmachen und grobgehackte frische Petersilie dazugeben. Die sternförmig ausgestochene Melonenhälfte und die Melonensternchen auf einem Teller dekorieren, den Nudelsalat dazugeben.

Lammsteak auf Salzstangenpuffern

HAUPTSPEISE

KOCH:
SUSANNE VÖSSING

Das Lammsteak oben kreuzförmig einschneiden, mit Salz, Pfeffer und italienischer Kräutermischung würzen, in Olivenöl anbraten und bei 180 Grad im Ofen weitergaren. Den Porree in feine Streifen schneiden, die Möhren schälen und in dünne Scheibchen schneiden. Beides blanchieren, abgießen, mit kaltem Wasser abschrecken und dann in Butter anschwitzen. Die Salzstangen zerbröseln, mit einem Ei, Pfeffer und italienischer Kräutermischung verrühren und die geriebenen Kartoffeln hinzugeben. Die Kartoffelpuffer in Öl ausbacken, auf dem Gemüse servieren und das Steak obenauf legen.

Dieses Gericht läßt sich durchaus auch mit Fisch anstelle von Lamm zubereiten

Einkauf:
1 Grapefruit
1 Lammsteak
3 Kartoffeln
1 Bund Porree
3 Möhren
1 Paket Salzstangen

Grapefruitkaltschale

DESSERT

Die Grapefruit filieren (die Spalten von der Haut befreien), den Saft auffangen und mit Weißwein, Zucker, ca. 6 zerstoßenen Eiswürfeln und etwas Zitronensaft verrühren. Das Ganze in ein Dessertglas mit Zuckerrand füllen, die Grapefruitfilets dazugeben und mit Zitronenmelisse dekorieren. Anschließend das Dessert kalt stellen.

Küstenteller mit Gurken

HAUPTSPEISE

KOCH:
RALF MEUSER

Die Zwiebel kleinschneiden, in einem Topf mit Butter anschwitzen, mit Weißwein ablöschen, mit ca. 1/8 l Sahne auffüllen, etwa 3 EL Frischkäse einrühren und 1 EL Krebspaste darin auflösen. Den Kabeljau in drei gleichgroße Stücke schneiden, salzen, pfeffern, mit etwas Zitronensaft beträufeln, in Mehl wälzen, durch ein aufgeschlagenes Eigelb ziehen und in Olivenöl braten. Die Gurke tournieren (in dekorative Form schneiden), mit etwas frischem Dill, Kräuteressig, Salz und Zucker abschmecken und in Olivenöl

Die Sauce muß nicht angedickt werden, denn die Krebssuppenpaste dickt sehr stark nach – deshalb die Paste erst zum Schluß zugeben und vorsichtig dosieren

Einkauf:
3 Bananen
1 Kabeljau
1 Paket Kräuterfrischkäse
1 Päckchen Krebssuppenpaste
1 Salatgurke
1 Zwiebel

unter Hinzugabe von Butter, Weißwein und Pfeffer schmoren lassen. Den Fisch mit den Gurkenstückchen auf der Krebssauce servieren.

Bananenpfannkuchen

DESSERT

Die Bananen schälen und in Stücke schneiden. Aus Mehl, Eiern, Milch und Zimt einen Teig anrühren und diesen in eine Pfanne geben. Die Bananenstücke darauf verteilen und nach dem Backen den welligen Rand abtrennen. Etwas Frischkäse mit Joghurt vermischen und als Dekoration auf den Pfannkuchen geben. Anschließend das Dessert mit etwas Puderzucker bestäuben und mit Minzblättern verzieren.

Einkauf:
1 Paket Dicke Bohnen
1 Paket Hackfleisch
1 Paket Löwenzahnblätter
1 Paket Shiitake-Pilze
2 Tomaten
1 Glas Wachteleier
1 Zwiebel

Dicke-Bohnen-Suppe

VORSPEISE

KOCH:
ANDREAS STUDER

Eine Tomate in kleine Würfel schneiden. Die Bohnen etwa 8 Minuten in einer Gemüsebrühe mit etwas Butter kochen, pürieren, einige Tomatenwürfel hinzugeben und mit Sahne, Salz und Pfeffer abschmecken. Anschließend mit kleingeschnittener Petersilie garnieren und als Dekoration einige Tomatenwürfel an den Rand legen.

Shiitake-Burger mit Löwenzahn

HAUPTSPEISE

Die Pilze kleinschneiden, in Sonnenblumenöl anbraten und mit Salz und Pfeffer würzen. Das Hackfleisch mit Sojasauce, Tabasco, Salz und Pfeffer abschmecken.

Die angerösteten Pilze, ein Ei und ein halbes zerbröseltes Toastbrot hinzufügen und das Ganze miteinander vermengen. Aus der Masse einen Burger formen und in Sonnenblumenöl anbraten. Eine halbe Tomate sowie eine halbe Zwiebel in Scheiben schneiden und kurz in einer Pfanne anbraten. Zwei Scheiben Weißbrot toasten. Den Burger mit den Tomatenscheiben und den Zwiebelringen garnieren, zwischen die Toastscheiben legen und mit Petersilie, Schnittlauch und Löwenzahnblättern dekorieren. Die Wachteleier halbieren und als Dekoration an den Tellerrand legen. Dazu ein kleines Schälchen mit Sojasauce servieren.

Bei den Löwenzahnblättern immer schöne gelbe raussuchen, da die grünen leicht bitter sind

Einkauf:
1 Broccoli
1 Eisbergsalat
1 Paket Kürbiskerne
1 gelbe Paprika
1 Schweineschnitzel
1 Salatgurke

DAS TEAM TOMATE

Broccolisalat

VORSPEISE

Den Eisbergsalat waschen und zupfen. Aus dem Broccoli Röschen schneiden und diese kochen. Aus Balsamessig, Sonnenblumenöl, Salz, Pfeffer und etwas Knoblauchpulver eine Salatsauce zubereiten. Die Broccoliröschen auf den angemachten Salat geben und mit einigen Pfefferkörnern sowie etwas frischem Basilikum garnieren.

Schweineschnitzel im Kürbiskernmantel

HAUPTSPEISE

Koch:
Sante de Santis

Das Schweineschnitzel in vier gleichgroße Rauten schneiden. Zwei Stücke mit schwarzen Pfefferkörnern und zwei Stücke mit Kürbiskernen (jeweils nur einseitig) bespicken, in Mehl wenden und in Butter

bei schwacher Hitze anbraten. Die Paprika halbieren, entkernen und die Hälfte mit Strunk blanchieren. Die Gurke schälen, längs sowie in der Mitte durchschneiden, mit einem Eßlöffel entkernen und ein Viertel in Halbmonde schneiden. Die halbmondförmigen Gurkenscheiben mit Öl, etwas kleingeschnittenem Dill und einem Schuß Weißwein schmoren und mit Salz und Pfeffer abschmecken. Für die Sauce einen Schuß Rotwein mit Tomatenmark verrühren, kurz aufkochen und mit Salz und Pfeffer abschmecken. Die Paprika mit den geschmorten Gurkenscheiben füllen und mit dem Schnitzel auf Rotweinsauce servieren.

Einkauf:
9 frische Datteln
1 Fleischtomate
1 Flasche Kleiner Feigling
1 Paket rote
Johannisbeeren
300 g frischer Thunfisch
250 g Schmand

Zopf vom Thunfisch

HAUPTSPEISE

Koch:
Thies Möller

Reis aufsetzen und garkochen. Die Tomatenschale mit einem Sparschäler in einem Stück schälen und aus der Schale ein Röschen drehen. Den Thunfisch in Frischhaltefolie legen, plattieren, drei Streifen einschneiden (bis ca 2 cm vor dem Ende) und diese flechten. Butter in eine Pfanne geben und den Thunfischzopf darin anbraten. Mit Salz und Pfeffer würzen, mit Weißwein ablöschen und 10 Minuten bei 175 Grad im Ofen weitergaren. Für die Sauce Hollandaise drei Eigelb mit Weißwein schaumig rühren und bei schwacher Hitze gut durchschlagen. Drei Stück Butter in einem Topf schmelzen und einmal aufkochen lassen. Es entsteht eine »Schaumkrone«, die nach kurzer Zeit wieder zusammenfällt. Sobald die zweite Krone entsteht, ist die Temperatur optimal und die Butter kann mit der Eigelb-

masse bei gleicher Temperatur (ca. 40-50 Grad) verquirlt werden. Anschließend mit Salz, Pfeffer, Zitronensaft und etwas Schmand abschmecken. Den Thunfisch auf der Sauce Hollandaise servieren, dazu den Reis geben und mit dem Tomatenröschen dekorieren. Den Kleinen Feigling trinken Sie, wenn die Hollandaise nicht gelingen will.

Zabaione mit Johannisbeeren und Datteln

DESSERT

Zunächst eine Zabaione aus Eigelb, Zucker und Weißwein im Wasserbad aufschlagen. Die Datteln halbieren. 150 ml Sahne mit Kakaopulver verrühren, etwas aufgelöste Stärke dazugeben und unter Rühren aufkochen. Die Dattelhälften und die Johannisbeeren auf der Zabaione dekorativ verteilen und abschließend etwas Kakaosahne in die Zabaione tröpfeln lassen.

Kalbsragout mit Spinatsalat

HAUPTSPEISE

KOCH:
ANDREAS STUDER

Reis aufsetzen und garkochen. Croûtons aus Weißbrot herstellen. Die Zwiebel schälen, klein würfeln, in Öl anschwitzen und mit Weißwein ablöschen. Das Kalbsragout mit dem zerstoßenen Koriander, Salz und Pfeffer würzen, in Sonnenblumenöl anbraten, einen Becher Sahne und

Einkauf:
6 Aprikosen
1 grüner Apfel
1 Tüte Koriander
1 Paket Kalbsgulasch
1 Paket frischer Spinat
1 Zwiebel

etwas Weißwein dazugießen, salzen, pfeffern, einköcheln lassen und die Zwiebelwürfelchen unterrühren. Den Spinat in feine Streifen schneiden, kurz blanchieren und unter den Reis rühren. Den Spinatreis mit dem Ragout und einem halben, entkernten und aufgefächerten Apfel anrichten. Zuletzt die Croûtons darüberstreuen.

Aprikosenmus mit Häubchen

DESSERT

Einen Becher Sahne schlagen. Drei Aprikosen kleinschneiden und in wenig Wasser zu Mus kochen, zuckern, abkühlen lassen und auf einen Dessertteller geben. Die restlichen Aprikosen halbieren, in Butter glacieren, auf das Aprikosenmus legen, mit Zitronenmelisse und Puderzucker garnieren und mit einem Sahnehäubchen dekorieren.

Einkauf:

1 Grapefruit
1 Putenschnitzel
1 rote Paprika
1 Stück Parmesan
2 Pfirsiche

Philipps Putenparade in Parmesan

HAUPTSPEISE

Koch:
Franz-Xaver Bürkle

Die Paprika halbieren, eine Hälfte blanchieren, die andere Hälfte würfeln und in Olivenöl anbraten, gehackte Petersilie dazugeben und mit Knoblauchpulver, Salz und Pfeffer abschmecken. Den Parmesan raspeln und mit einem Ei vermengen. Das Putenschnitzel in Würfel schneiden, salzen und pfeffern und in Mehl wenden. Anschließend in der Käse-Ei-Mischung wenden, in Olivenöl braten und die Würfel auf Holzstäbchen aufreihen. Die angebratenen Paprikawürfel in die blanchierte Paprikahälfte füllen und mit den Putenbrustspießchen servieren.

Pampelmusen-Pfirsich-Dialog

DESSERT

Die Pfirsiche kurz in heißem Wasser blanchieren, danach kalt abschrecken, anschließend die Schale abziehen, vierteln und auf einen Dessertteller geben. Die Grapefruit schälen, in Scheiben schneiden und unter die Pfirsichstücke mischen. Für die Sauce ein Ei mit Zucker und 1 EL Mehl verrühren, über die Früchte geben und das Ganze bei 225 Grad im Ofen überbacken. Zum Schluß mit Puderzucker und Zitronenmelisse dekorieren.

Einkauf:
1 Filetsteak
3 Kartoffeln
1 Paket Kräuterfrischkäse
6 Tomaten
4 Zwiebeln

Tomatensuppe

VORSPEISE

KOCH:
CARSTEN DOHRS

Zwei Zwiebeln schälen, in kleine Stücke schneiden und in Olivenöl anschwitzen. Fünf Tomaten in kleine Würfel schneiden, zu den Zwiebeln geben, Gemüsebrühe dazugießen, aufkochen lassen, mit Salz, Pfeffer und Majoran abschmecken und reduzieren. Die Tomatensuppe pürieren, mit 1 EL Frischkäse und frischgehacktem Basilikum servieren.

Filetsteak mit Kartoffelwirrwarr

HAUPTSPEISE

Eine Tomate oben sternförmig einschneiden, 1 TL Frischkäse daraufsetzen, in eine feuerfeste, gefettete Form stellen und im Ofen grillen. Das Filetsteak salzen und pfeffern, in Olivenöl anbraten und bei 180 Grad im Ofen garen. Die Kartoffeln schälen, in der Maschine (erhältlich im Asienladen) zu Spaghetti drehen, kurz

abtropfen lassen und in viel Öl ausbacken. Zum Schluß mit Salz abschmecken. Für die Rotwein-Zwiebel-Sauce zwei Zwiebeln schälen, in Stückchen schneiden, in Butter anschwitzen, mit Rotwein ablöschen, zusätzlich noch ein größeres Stück Butter unterheben und einkochen lassen. Das Steak mit der Tomate und den Kartoffeln auf dem Teller anrichten, mit der Sauce umgießen.

Einkauf:
200 g Kalbsniere
1 Dose Linsen
250 g Mascarpone
1 Orange
2 Tomaten
1 Rettich

Rettichcarpaccio mit lauwarmem Nieren-Linsen-Salat

VORSPEISE

KOCH:
WOLFGANG KOHLHEPP

Die Nieren wässern, dann kleinschneiden und in einer Pfanne mit Olivenöl ca. 4 Minuten braten. Mit Salz und Pfeffer würzen, die abgeschütteten Linsen und eine geschälte, entkernte und kleingeschnittene Tomate dazugeben. Mit Salz und Pfeffer abschmecken. Den Rettich schälen und in dünne Scheiben schneiden. Schnittlauch und Basilikum hacken und zu den Nieren und Linsen geben. Einen Teller mit Rettichscheiben auslegen und den Nieren-Linsen-Salat darauf anrichten. Von der zweiten Tomate die Schale mit dem Sparschäler in einem Stück abschälen, ein Röschen drehen und als Dekoration verwenden.

Das Fett der Kalbsniere sollte immer schön weiß sein, dann schmeckt sie nicht tranig

Orangen-Mascarpone-Creme

DESSERT

Die Orange schälen und einige Filets herausschneiden. Aus den Resten den Saft pressen. Etwas Zucker im Topf karamelisieren, mit dem Orangensaft und Calvados ablöschen. Ca. 150 ml Sahne schlagen und unter den Marscarpone heben. Mit etwas Orangensaft glattrühren. Mascarponeschaum in die Mitte eines Tellers legen und die Orangenfilets drumherum plazieren. Die Sauce am Rand verlaufen lassen. Alles mit Kakao bestäuben und mit Minze dekorieren.

Einkauf:
1 Blumenkohl
1 Stück Gouda
1 Dose gelbe Erbsen
1 Schale rote Johannisbeeren
250 g Rinderbrust
1 Paket Sojamilch

Blumenkohlcremesuppe »Madame Dubary«

VORSPEISE

Koch:
Andreas Studer

Den Blumenkohl in Röschen teilen und in Salzwasser kochen. Das Wasser abschütten und die Röschen mit 1/8 l Sahne pürieren. Mit Salz und Pfeffer abschmecken und mit Petersilie dekorieren.

Rinderbrust »Johannisbeer«

HAUPTSPEISE

Die Rinderbrust in kleine Stücke schneiden und in Öl anbraten, mit etwas Pfeffer würzen. Mit Weißwein ablöschen, die Sojamilch und einen Schuß Sahne dazugeben und einköcheln lassen. Frischen Schnittlauch und Petersilie kleinschneiden und zum Fleisch geben. Johannisbeeren abstrippen, kurz in Butter ansautieren und

ebenfalls zum Fleisch geben. Das Ganze mit in Wasser angerührter Stärke binden. Den Käse raspeln und mit etwas Sahne vermengen. Die Erbsen in eine hitzefeste Form geben und mit der Käsesahne bei starker Hitze im Ofen überbacken. Alles auf zwei Tellern anrichten.

Einkauf:
2 Birnen
1 Paket Feldsalat
1 Stück Gouda
4 Kartoffeln
1 Paket frischer Spinat
1 Paket Spareribs
1 Glas Reisstrohpilze

Feldsalat

VORSPEISE

Den Feldsalat waschen und mit einer Vinaigrette aus Balsamessig, Zitronensaft, Salz, Pfeffer, etwas Senf und Olivenöl anmachen.

KOCH:
SANTE DE SANTIS

Spareribs mit Spinat und Rösti mit Birne

HAUPTSPEISE

Die Spareribs sehr stark gewürzt und mit Tomatenmark eingestrichen in Öl anbraten und im Ofen bei 250 Grad cross backen (wenn Sie in 15 Minuten fertig werden sollen, nach dem Anbraten bei höchster Leistung in die Mikrowelle geben!). Etwas Öl in die Pfanne geben, eine Knoblauchzehe schälen, in Streifen schneiden, anbraten, den kleingeschnittenen Blattspinat hinzugeben, salzen und dünsten. Die Pilze in Butter anbraten, salzen und pfeffern. Die Spareribs auf dem Spinat anrichten und mit den Pilzen garnieren. Für das Rösti die Kartoffeln schälen, reiben, mit einem Ei, etwas Mehl, Salz und Pfeffer vermengen und in heißem Olivenöl anbraten. Einen Becher Sahne mit Salz, Pfeffer, Butter und dem geriebenen Käse reduzieren, mit einem Schuß Calvados abschmecken. Die Birne schälen, halbieren, entkernen und fächern. Das Rösti auf die Käsesauce legen, mit der gefächerten Birne dekorieren und mit frischer Petersilie bestreuen.

Sollten Sie keine Mikrowelle haben, müssen Sie für die Spareribs im Ofen die doppelte Garzeit rechnen

Einkauf:
1 Paket Kräuterfrischkäse
6 Kartoffeln
1 Dose Kokosnußmilch
6 kleine Möhren
6 kleine Maiskolben
1 Schweinefilet
1 Zwiebel
8 Zuckerschoten

Curry-Kokosnuß-Suppe mit Minze

VORSPEISE

KOCH:
SUSANNE VÖSSING

Die Zwiebel schälen, in kleine Stücke schneiden, anschwitzen, pfeffern, mit Curry bestäuben, mit Kokosnußmilch und gehackter frischer Minze aufkochen. Die Suppe pürieren, mit einer Prise Zucker, einem Spritzer Tabasco und 1 TL Honig abschmecken und nochmals aufkochen. Mit Zitronenmelisse dekorieren.

Kokosnußmilch immer in Verbindung mit scharfen Gewürzen verwenden – wirkt wunderbar leicht und sanft

Gratinierte Schweinemedaillons auf Kartoffel-Gemüse-Julienne

HAUPTSPEISE

Die Kartoffeln schälen, in Streifen schneiden und in Fett anbraten. Die Möhren waschen, putzen, in Streifen schneiden, zu

den Kartoffeln geben und mit Salz und Pfeffer abschmecken. Zum Schluß die Maiskolben und die Zuckerschoten zugeben und kurz mitschmoren. Die Sehnen und das Fett vom Filet entfernen, in Scheiben schneiden, kurz in Öl anbraten, aus der Pfanne nehmen und mit Frischkäse bedecken; anschließend im Ofen bei 175 Grad überbacken. Das Fleisch auf dem Gemüse anrichten.

Einkauf:
1 Becher Crème fraîche
1 Dose Abatone-Pilze
2 Orangen
1 Rinderfilet
1 Glas Saure Gurken
2 Zwiebeln

Rindermedaillon à la Stroganoff

HAUPTSPEISE

KOCH:
RALF MEUSER

Für die Senfsauce die Zwiebeln und die Gurken schälen, die Zwiebeln in Würfel, die Gurken in feine Streifen und die Pilze in Scheibchen schneiden. Die Zwiebeln in Olivenöl anschwitzen und braun werden lassen. Die Pilze hinzugeben, mit Weißwein ablöschen, Sahne zugießen und reduzieren. Danach mit 1 TL Senf, 3 TL Crème fraîche, frischem Schnittlauch, Salz und Pfeffer abschmecken. Das Rinderfilet von den Sehnen befreien, in zwei Medaillons schneiden, salzen und pfeffern, in Öl scharf anbraten, die Gurkenstreifen zugeben und dann ziehen lassen. Eine Scheibe Toastbrot diagonal teilen und in schaumig erhitzter Butter anrösten. Das Fleisch mit den Gurkenstreifen auf dem Toast anrichten, 1 TL Crème fraîche darübergeben und die Senfsauce drumherum gießen. Mit frischen Basilikumblättern und Schnittlauch dekorieren.

Joghurt-Orangen-Creme

DESSERT

Die Orangen schälen, filieren, in Stücke schneiden und den Saft auffangen. Den Joghurt mit Zucker, einem Spritzer Zitrone, dem Orangensaft und Calvados anrühren. Die Orangenstückchen unter den Joghurt heben. Ein Glas mit Zuckerrand versehen, die Creme einfüllen, mit etwas Zimt bestreuen und mit einem Blatt Zitronenmelisse dekorieren.

Kurzbiographien der Köche

Franz-Xaver Bürkle

geb. 2. Januar 1948 in Baden-Baden

Beruflicher Werdegang:
- Ausbildung im Steigenberger Badischer Hof in Baden-Baden

- Europäischer Hof in Baden-Baden
- Wittelsbacher Hof in Oberstdorf
- Kurhaus Kasino in Bad Neuenahr
- Airport Hotel in Frankfurt am Main
- Hotel Brielhof in Hechingen

Aktuelle Tätigkeit:
- Nahetal-Klinik in Bad Kreuznach

Besondere Qualifikationen:
- Küchenmeister
- Diätisch geschult, Koch der »Deutschen Gesellschaft für Ernährung«
- Prüfungsmeister der IHK zu Koblenz
- Referent zu Ausbildungen Koch, Küchenmeister, Diät. Koch
- Beiratsmitglied Krankenhaus-Heime-Sanatorien im Verband der Köche Deutschland
- Vorsitzender Club der Köche/Nahetal
- Mitautor verschiedener Kochbücher

Auszeichnungen:
- Goldmedaillen auf Fachausstellungen 1. Kategorien
- Gewinner der Goldenen Kochmütze 1979
- Gewinner und Plazierungen namhafter Koch- bzw. Rezeptwettbewerbe

Sonstiges:
Unter anderem leidenschaftlicher Sammler von Kochbüchern (auch sehr alten)

Frank Buchholz

geb. 21. April 1967 in Dortmund

Beruflicher Werdegang:
- Ausbildung im Restaurant Goldschmieding in Castrop Rauxel

- Rino Casati in Köln; 1 Stern Michelin
- Restaurant Robert Späth in Chesaring-Gstaad, Schweiz; 1 Stern Michelin
- Käfer-Stuben in München; 1 Stern Michelin
- Landhaus Scherrer in Hamburg; 2 Sterne Michelin
- Restaurant Tantris in München; Heinz Winkler; 3 Sterne Michelin
- Restaurant Marquesi in Mailand; 3 Sterne Michelin

- Restaurant Tristan in Palma de Mallorca; 2 Sterne Michelin
- Grand Hotel Esplanade in Berlin; Sous Chef
- Landhaus zu den Rothen Forellen in Ilsenburg; Maître de Cuisine

Aktuelle Tätigkeit:

- Restaurant Brückenkeller, Frankfurt am Main; Maître de Cuisine; 2 Sterne Michelin

Carsten Dohrs

geb. 20. April 1969 in Hofgeismar

Beruflicher Werdegang:

- Ausbildung im Maritim Golf & Sport Hotel in Timmendorfer Strand

- Hotelbetriebe Bühler Höhe in Bühl
- Hotel Waldhorn in Ravensburg
- Hotel Residence in Essen
- Hotel Brandenburger Hof in Berlin
- Hotel Residence in Essen
- Küchenchef auf dem Segelschiff Sea Cloud

Aktuelle Tätigkeit:

- Henzek's Restaurant in Mülheim an der Ruhr

Wolfgang Kohlhepp

geb. 27. Oktober 1967 in Düsseldorf

Beruflicher Werdegang:

- Ausbildung zum Koch im Strümper Hof in Meerbusch

- Demi Chef bei Mövenpick in Düsseldorf
- Demi Chef, Chef de Partie, Chef Gardemanger im Swissotel in Neuss

Aktuelle Tätigkeit:

Außendienstmitarbeiter (Vertrieb) bei der Firma Rational in Landsberg am Lech

Besondere Qualifikationen:

- Erwerb der Ausbilder-Eignungs-Verordnung bei der IHK
- Besuch der Meisterschule mit Abschluß
- Weiterbildung an der Deutschen Angestellten Akademie Trier zum Betriebsassistent Gastronomie

Ralf Meuser

geb. 25. August 1964 in Grevenbroich

Beruflicher Werdegang:

- Ausbildung im Hotel Inter Continental in Düsseldorf

- Comis de Cuisine im Hotel Inter Continental in Düsseldorf
- Demi Chef de Cuisine im Berkeley

Hotel in London
- Demi Chef de Cuisine im Hotel Breidenbacher Hof in Düsseldorf
- Chef de Partie tournant im Hotel Beatus in Merlingen/Schweiz
- Chef de Partie im Atlantic Hotel in Hamburg
- Sous Chef im Hotel im Wasserturm in Köln
- Chef de Cuisine im Balance Hotel in Neuss
- Küchenchef im Schloßhotel Lerbach in Bergisch Gladbach

Aktuelle Tätigkeit:
Küchenchef im Vorstandskasino einer großen Kölner Versicherung

Besondere Qualifikationen:
- Erfolgreicher Abschluß zum Ausbildereigner und Küchenmeister vor der IHK Koblenz
- Erfolgreicher Abschluß zum Diätkoch vor der IHK Koblenz

Rainer Mitze

geb. 11. Januar 1947 in Velbert

Beruflicher Werdegang:
- Ausbildung im Hotel Rosenhaus in Velbert

- Alexander Restaurant in Wuppertal
- 2 x Saison in Westerland, Sylt
- Hotel Bermudiana, Bermudas
- Oriental Hotel in Bangkok
- Dusit Thanit Hotel in Bangkok

Aktuelle Tätigkeit:
Betriebsleiter Vorstandsrestaurant und Küche der Bayer AG in Leverkusen

Besondere Qualifikationen:
- Dozent in Johann Lafer's Kochschule »Table d'Or« 1997
- Dozent im »Greystoke« - The Culinary Institute of America - Nappa Valley, USA 1997/98

Auszeichnungen:
- 2. Preisträger Kikkoman Master 1991 und 1995
- Teilnahme »Master of Food and Wine« 1992, 1993, 1996, 1997 in San Francisco
- Jury Member »Culinary Arts Competition Bangkok« 1992-97 und Manila 1997

Sonstiges:
- Kochkurse für Kinder 1996-97
- Culinarium mit wöchentlichen Gourmet-Kochkursen
- ZDF »Guten Appetit«, »Den Nachbarn in den Topf geschaut«, »Kochen wie in Asien«
- SWF »Kochen mit Johann Lafer«, »Glaskasten live«, »Johann Lafer kocht«
- 3SAT »Frag Lafer«
- Kulinarisches Festival »East meets West« in Bangkok 1995 und Burma 1997/98
- Mitherausgeber der Kulinarischen

Kalender »Euro-Asia Küche 1994«, »Dessert 1995«, »Dessert 1996«, »Fisch 1996«, »Fisch 1997«, »Wild 1997/98«
- Autor des Kochbuchs »Süße Orchideen« und Mitautor am Buch »Kochen wie in Asien«
- Artikel im »Gourmet« und im »Feinschmecker«
- Kulinarische Bildergalerie Sparkasse Velbert
- Galamenü bei der UN in New York 1996 mit der Bundesregierung
- diverse Aktivitäten im Internet

Thies Möller

geb. 12. April 1947 in Meldorf

Beruflicher Werdegang:
- Ausbildung im Hotel Wappenklause in Neumünster (Goldmedaille auf Landesebene im Berufswettkampf)
- Koch auf großer Fahrt, Bugsierreederei Hamburg
- Repräsentationsküche des Bundesministeriums für Verteidigung bei Gerhard Schröder und Helmut Schmidt (1968-70)
- Pächter des Hotel des Handwerks in Heide
- Küchenchef im Restaurant Drathenhof in Kiel
- Küchenchef im Panorama-Restaurant in Itzehoe

Aktuelle Tätigkeit:
Fachlehrer an der beruflichen Schule des Kreises Dithmarschen in Meldorf, verbeamtet auf Lebenszeit

Besondere Qualifikationen:
- Fleischerlehre
- Prüfung zum Küchenmeister
- Sachverständiger im Berufsbildungsausschuß des Bundes
- Sachverständiger in der Aufgabenstelle für kaufmännische Abschluß- und Zwischenprüfungen IHK
- Vorsitzender der Prüfungskommission Köche/Westküste
- Mitglied im Prüfungsausschuß Hofa/Westküste
- Prüfer beim Landesberufswettkampf Schleswig-Holstein
- jährlicher Schüleraustausch mit der »Ecole Superieure de Cuisine Française« in Paris
- Erfolgstrainer der Dithmarschen-Mannschaft auf der INTERNORGA, Hamburg, und HOGA, Nürnberg
- Trainer russischer Köche und Servicefachkräfte im Hotel Ukraina in Moskau

Sante de Santis

geb. 12. November 1965 in Rom,

Beruflicher Werdegang:
- Ausbildung im Hotel Hassler Villa Medici in Rom (Weltrangliste Nr. 40)

- Hotel Cavalieri Hilton in Rom, Comis de Cuisine
- Hotel Sheraton in Rom
- Hotel Excelsior in Rom
- Grand Hotel in Rom
- Hotel Cavalieri Hilton in Rom, Restaurant La Pergola, Chef de Partie
- Hotel Sheraton Skyline in London, Grill Chef, Chef Entrementier, Chef Saucier
- Hotel Intercontinental in Stuttgart, Comis de Cuisine, Chef Fournant, Sous Chef
- Variete Belt in Stuttgart, Sous Chef
- Restaurant Come Prima in Stuttgart, Chef de Cuisine
- M/S Vistafyord in Hamburg, Comis Poissonier, später 1. Koch und Chef de Cuisine
- Copthorne Hotel Stuttgart International in Stuttgart, Sous Chef de Cuisine

Aktuelle Tätigkeit:

Freiberuflicher Koch und Vertreter des Küchenchefs in der neuen Staatsgalerie Stuttgart; Bistro Fresko

Sonstiges:

Sante de Santis beherrscht die deutsche, englische, französische und spanische Sprache in Wort und Schrift; Italienisch ist natürlich seine Muttersprache.

Andreas C. Studer

geb. 20. Mai 1966 in Interlaken, Schweiz

Beruflicher Werdegang:

- Ausbildung im Hotel Jungfrau in Wilderwil/Schweiz
- Chef de Rang im Restaurant Panorama Grill im Hotel International in Zürich
- Verkaufsberater mit Verantwortlichkeit für die Entwicklung neuer Verkaufskonzepte für die »Schweizerische Speisewagen Gesellschaft« in Olten/ Schweiz
- Verkaufsleiter/Betriebsleiter, verantwortlich für Marketing von 14 Restaurants und 5 Snackbars - und damit für die gesamte Restauration - im Züricher Hauptbahnhof
- Public Relations Assistent, verantwortlich für Spezialanlässe und Öffentlichkeitsarbeit im Hotel Villas Plaza in Cancun/Mexiko
- Geschäftsführer im Restaurant Stars in Zürich

Aktuelle Tätigkeit:

Freier Berater für Marketing in der Gastronomie in Berlin und Leiter von privaten Kochkursen

Besondere Qualifikationen:

- Fachausbildung Höhere Gastronomie-Fachschule in Thun/Schweiz
- Hotelfachschule des Schweizerischen Hoteliervereins mit Diplom Hotelier
- Praktika der Hotelfachschule im Hotel Mövenpick und im Hotel Novotel in Zürich

Susanne Vössing

geb. 10. September 1964 in Bühne/Westfalen

Beruflicher Werdegang:

- Ausbildung zur Köchin in Warburg

- Köchin im Restaurant Alt Warburg in Warburg
- Sommelier in Kleines Restaurant im Oerschenhof in Münster
- Privatköchin bei der Firma Ziege in Münster
- Chef de Partie im Pavillon Montsouris in Paris
- Sous Chef de la Sauce im Lucas Carton in Paris
- Chef de Partie de Poisson im La Coupole in Paris
- Sous Chef im Restaurant Yvon in Paris
- Küchenchefin im Restaurant Le Marron in Bonn
- Betriebsleiterin im Delfter Haus in Köln

Aktuelle Tätigkeit:
Küchenchefin im Restaurant La Société in Köln

Besondere Qualifikationen:

- Studium mit Übersetzer-Diplom an der Sorbonne in Paris

Register

Fotonachweis

Claudia Ast: S. 20, 38, 56, 80
Christian Bruch: S. 33, 74
FoodFotoKöln: S. 15, 22, 23, 25, 31, 34, 35, 37, 41, 44, 45, 51, 54, 59, 63, 64, 65, 70, 72, 76, 82, 83, 85, 92, 97, 103, 105, 109, 111 oben
Frank Hempel: S. 3, 46, 69, 94, 99, 101
Katharina Hummel: S. 26, 43, 48, 53, 79, 99, 106, 112-117
Ruprecht Stempell: Titelabbildung
VOX Fernsehen: alle übrigen Abbildungen